Madeleine Pelletier

Les Femmes peuvent-elles avoir du Génie ?

Essai

ISBN : 978-1718604612

10 9 8 7 6 5 4 3 2 1

Madeleine Pelletier

Les Femmes peuvent-elles avoir du Génie ?

Essai

Table de Matières

Le refus du génie aux femmes est le dernier retranchement de ceux qui ne veulent pas qu'elles se fassent une place dans la société.

Avant de discuter le bien ou mal fondé de ce refus, il est nécessaire de poser, comme disent les parlementaires, la question préalable. Alors même qu'il serait vrai que le génie ne puisse habiter dans une tête féminine, cela ne prouverait en aucune façon qu'il faille exclure les femmes d'une situation quelconque. Énumérez, a dit avec raison Jules Lemaître, les places où le génie est nécessaire ; on en bannira les femmes. Une pareille énumération serait bien difficile, attendu qu'il n'existe aucun emploi qui exige le génie. Le génie à vrai dire serait le bienvenu partout, car il apporterait la perfection, mais comme le génie est infiniment rare, non seulement chez les femmes, mais aussi chez les hommes ; on se contente, même pour les places les plus hautes, de facultés beaucoup plus modestes.

Le génie ne peut servir de critérium à quoi que ce soit, c'est un don magnifique dont la nature est avare ; il faut le recevoir avec reconnaissance lorsqu'il nous est envoyé, mais on ne saurait compter sur lui.

La question préalable étant ainsi résolue, demandons-nous ce qu'est le génie et s'il a vraiment un sexe comme quelques-uns le prétendent.

Lombroso s'est rendu célèbre en écrivant que le génie est une forme de la folie. Son système était fait pour être accepté des foules de culture moyenne, Au centre, l'homme normal, ni supérieur, ni inférieur, ni bon, ni mauvais, qui accepte la vie telle qu'elle est et la société comme on l'a faite, capable de comprendre le monde où il vit, il n'a ni les moyens, ni la volonté de le changer ; ouvrier, industriel, intellectuel, il tient sa place ; il se marie, amasse de l'argent et meurt après avoir procréé des enfants qui seront comme lui. A l'extrémité, disons à l'extrémité gauche de la ligne idéale dont l'homme normal tient le milieu est le criminel. C'est un réprouvé de la nature autant que de la société. Son corps est plein de tares, dissymétries crâniennes, faciales, somatiques, caractères ancestraux[1] qui rappellent l'homme primitif, heredo-alcoolisme, héredo-syphilis, épilepsie, folie ; tous les maux de la boîte de Pandore se sont abattus sur lui. Dans ces conditions il ne peut évidemment jouer son rôle social ; incapable d'adaptation, il devient révolté, anarchiste, voleur, assassin, souvent tout cela à la fois,

À l'extrémité droite est l'homme de génie. Mais ici notre image ne cadre plus, car si dans l'Écriture les bons sont à droite et les mauvais à gauche, pour Lombroso et ses disciples, les bons sont au milieu. Le génie, en effet, ne serait pas un don heureux. L'histoire des hommes illustres nous les montre pleins de défauts ; tel était libidineux, tel autre chaste. En général ils n'ont pas de cœur ; ils ont, en outre, un orgueil immense et ils font h de la morale ainsi que des conventions sociales. Leur « inspiration » dont ils sont si tiers pourrait bien n'être qu'un état pathologique analogue à l'épilepsie.

Ce système flatte notre amour de la symétrie, mais il est faux comme du reste tous les systèmes ; la nature est plus complexe que la théorie. Bien des auteurs depuis Lombroso ont montré toute la légèreté de son œuvre. Sa principale erreur a été de prendre pour évaluer l'homme de génie les instruments qui servent à mesurer l'homme ordinaire. On doit s'attendre à ce qu'un homme hautement supérieur qui connaît sa supériorité n'accepte pas une société qui est l'œuvre des médiocres. Comme il ne dispose pas du pouvoir de la changer il raccommode comme il lui plaît à son usage personnel. Que les singularités des hommes de génie n'aient pas été toujours heureuses, c'est possible ; l'homme supérieur ne donne

---

1 Voir la critique du système lombrosien dans Manouvrier : Les Aptitudes et les Actes

pas son « best », comme disent les Allemands, dans tout ce qu'il fait. Souvent telle incartade qu'on lui reproche n'est que le fait de sa colère contre un monde médiocre. Le roi n'a pas à être vertueux, disait un courtisan de Louis XV- il est comme il le veut. L'homme de génie, de même, n'a pas à être, comme le désire la masse ; il fait sa loi et n'obéit pas à la loi des autres.

Reprocher à des grands hommes de menues bizarreries telles que d'allumer des bougies pour dormir ou de se coucher par terre pour travailler n'est pas sérieux. Ces blâmes montrent jusqu'où va notre esclavage social. Souvent ces habitudes sont de menues superstitions, compliquées de suggestions ; l'homme pense que les circonstances qui ont entouré la production d'une bonne œuvre sont liées à l'œuvre et qu'il ne pourra donner son maximum d'effort qu'à la condition que les circonstances soient les mêmes.

Ceci étant dit, il est fort possible que, la quantité d'énergie d'un cerveau humain étant limitée, le développement supérieur d'une faculté ne nuise aux autres. La conscience peut difficilement être accaparée par un grand nombre d'activités. Si un homme de génie donne trop de place à la sexualité, ce sera au détriment de son travail ; s'il éparpille son temps entre plusieurs sciences, il lui sera difficile d'en approfondir suffisamment une pour la faire avancer. La chasteté d'un certain nombre d'hommes supérieurs tient simplement au manque de temps. Tl est des hommes de génie qui ont été au contraire des sensuels, c'est que leur œuvre même avait la sexualité pour objet. Un grand chimiste ne pourra être sensuel qu'aux dépens de ses travaux, mais ta sensualité servait au contraire le génie d'un Goethe qui mettait ses passions en œuvres littéraires.

Le génie doit être défini, la supériorité intellectuelle originale. Las de génie sans originalité. On peut être très savant en mathématiques, en physique, en chimie et n'être qu'un homme ordinaire. Nombre d'intellectuels sont ainsi ; c'est pour cela que, sortis de leur spécialité, ils ne raisonnent guère mieux que les hommes du commun dont ils ont accepté sans contrôle les préjugés.

C'est ainsi qu'on peut voir des savants illustres croyants et pratiquants. Ils invoquent la cloison étanche qui séparerait le domaine de la science de celui de la foi ; la fameuse séparation de l'oratoire et du laboratoire. Il n'y a pas de cloison étanche, toutes les activités de l'esprit humain sont connexes. Les mêmes raisonnements qui ont servi à édifier la science détruisent les dogmes religieux. Comme les problèmes ultimes ont défié jusqu'ici l'esprit humain, on peut sans manquer à l'intelligence transformer à l'égard de la providence et de la vie future sou immense désir en acte de foi. Mais un savant qui accepte avec sincérité des dogmes qu'une raison bien inférieure à celle qu'il faut pour faire les découvertes scientifiques a suffi à détruire fait montre d'infirmité intellectuelle. On peut croire que dans son œuvre les circonstances ont eu plus de place que lui-même.

On a dit que le génie est une longue patience et un croit d'ordinaire que ceux qui pensent ainsi rabaissent le génie, il n'en est rien, la longue patience n'est pas, comme on le pourrait croire, à la portée de tout le monde, elle tient à un attachement tout à fait exceptionnel pour l'idée. Newton a dit qu'il avait découvert la gravitation en y pensant toujours. On serait tenté d'en conclure que faire une découverte soit chose aisée ; qu'on essaie. On ne réussit pas à suivre pendant de longues années une idée si l'on n'est pas pourvu de facultés tout à fait exceptionnelles.

Le savant médiocre, lorsqu'il est à son laboratoire, pense à la question qu'il étudie, mais il s'en faut de beaucoup qu'il soit accaparé tout entier par elle. Les choses de la vie ordinaire, sa femme, ses enfants, sa situation, ses amis, les menus faits du jour l'intéressent beaucoup plus ; aussi quitte-t-il, en ôtant sa blouse, les préoccupations scientifiques. Dans la rue, son chapeau sur la tête, il redevient un homme du commun. Celui que l'idée accapare au point de lui faire oublier la vie, qui n'est ni époux, ni père, ni homme du monde, est d'essence tout autre. C'est celui-là qui est capable de penser toujours ; il oubliera de manger, l'idée le poursuivra la nuit dans ses rêvés ; la nature l'a marqué comme un esprit d'élite. Il n'est pas sûr que l'humanité lui reconnaisse du génie ; il faudrait pour cela la réunion de bien d'autres éléments. On admet que les découvertes sont souvent l'effet du hasard, cela veut dire qu'elles comportent une réunion de circonstances dont quelques-unes sont fortuites.

Le génie est un fait psychologique, ce n'est pas nécessairement un fait social. Autrement dit, il n'est pas indispensable pour qu'il y ait génie qu'il y ait production géniale ; on peut très bien concevoir un génie qui ne produise pas. Le monde ne connaît que les œuvres, le génie improductif ne sera donc pas reconnu, mais il n'en existera pas moins. Il suit de là que le nombre des hommes de génie est plus grand qu'on ne pense ; on n'en connaît qu'une petite partie, ceux qui produisent et qui en même temps ont le bonheur de faire accepter leurs productions comme géniales. Stirner, le prédécesseur de Nietzche, vécut pauvre et méconnu ; il exposait dans les brasseries allemandes sa conception de l'individualisme ; on se moquait de lui.

Le plus grand nombre des intelligences est étouffé dans l'œuf par les circonstances, dans une société qui est encore bien loin de comprendre la nécessité qu'il y a pour son mieux être à mettre en valeur les intelligences supérieures.

Il est généralement admis que les obstacles ne peuvent rien contre le génie véritable. Comment le savoir ? Les génies que l'on connaît sont précisément ceux qui ont triomphé ; lorsqu'ils ont trouvé des difficultés, on peut dire que ces difficultés ont pu être vaincues ; mais cela ne prouve pas que les hommes de génie doivent vaincre les obstacles et encore moins que les obstacles favorisent le génie.

La petite quantité de vérité qui reste au fond de tout ce qu'on a dit sur ce sujet, c'est que les difficultés peuvent jouer le rôle d'excitant. Il y a une question de proportion entre la volonté de l'homme et la résistance des circonstances. Si la volonté est la plus forte, le génie triomphe ; si les circonstances contraires remportent, le génie est étouffé ou reste méconnu.

Le génie de Stuart Mill se développa sans obstacles. Après avoir reçu de son père une éducation tout à fait exceptionnelle, il produisit à son tour et monta beaucoup plus haut que lui.

Certains auteurs tombent dans l'excès contraire à celui que nous critiquons. Four ceux-ci, les circonstances ne sont rien, pour ceux-là elles sont tout. Ces philosophes prétendent que chaque génie reconnu pour tel a rencontré des circonstances favorables sans lesquelles ils n'auraient été qu'un homme ordinaire. Tout est ici question de proportions. Il est certain ; qu'un homme qu'on aurait depuis l'enfance enfermé dans une cave et sevré de tout commerce humain ne donnerait pas de productions géniales ; il serait même idiot, cela est plus que probable. Les exemples' artificiels mis à part, c'est précisément le fait de la supériorité intellectuelle d'utiliser des circonstances qui n'agiraient pas sur une intelligence médiocre. Victor Cousin dut son éducation à un incident des plus fortuits. Fils de pauvres ouvriers, il jouait dans une rue du quartier du Marais lorsqu'il voit une bande de lycéens poursuivre et frapper un de leurs camarades parce qu'il était vêtu d'un manteau démodé. Courageusement il se porte au secours de la victime et parvient à mettre en fuite les agresseurs. La mère reconnaissante lui paie le collège. Sans les circonstances, il y a bien des chances pour que Cousin devint comme ses parents un simple ouvrier, mais sans la supériorité intellectuelle il serait devenu un médecin ou un professeur obscur. L'homme moyen subit telle quelle l'ambiance, l'homme supérieur la dissocie pour y trouver les éléments de son développement.

L'originalité est la condition primordiale du génie, L'homme de talent ne sait que parfaire ce qui a été fait avant lui ; l'homme de génie trouve du nouveau, il perçoit des relations là où l'homme ordinaire n'en voit pas, A vrai dire, la nouveauté est rarement absolue, et on doit considérer les domaines dans lesquels s'exerce l'esprit génial. Celui qui fait une découverte apporte du nouveau, quoique en réalité la plupart du temps, la question eût été étudiée avant lui par des gens qui n'ont pu que se rapprocher de la vérité. En philosophie ou en littérature, le génie est plus difficile à définir, aussi est-il à bien des égards question d'appréciation ; il ne peut y avoir entre le génie et le talent une détermination rigoureuse. Si l'œuvre est bonne on dit que l'auteur a du talent, si elle est très bonne on lut accorde du génie. On comprend tout ce qu'il y a de subjectif et d'arbitraire dans une pareille classification. Cependant, même dans ce domaine, c'est l'originalité qui doit servir de critérium. Zola nous parait aujourd'hui plein de longueurs ; cependant il a droit au génie parce qu'il est un chef d'école. Rien avant lui de semblable à « Germinal », à « La Terre », à « Pot- Bouille », etc., œuvres qui incarnent toute une classe de ha société,

La primauté de l'originalité rend possible l'existence de génies sans talent. Le talent, c'est îa perfection de la technique ; un esprit original peut être un mauvais technicien, soit parce qu'il manque de dispositions, soit par négligence. Il aura une belle idée qu'il ne réussira pas à bien présenter. Souvent, les génies de cet ordre sont méconnus et après eux vient un homme de talent, qui donne aux idées la forme convenable et accapare toute la gloire. Durand de Gros fut un génie méconnu, son œuvre fourmille d'idées développées après lui par d'autres. Fout Auguste Comte est dans Saint-Simon, la classification des sciences, la loi des trois états, etc., et cependant Saint-Simon est presque oublié, A vrai dire Auguste. Comte a eu plus que du talent, il a donné aux idées de son maître un développement tel que son œuvre doit être considérée comme originale. Il est comparable à Newton dont la théorie de la gravitation n'a fait, on le sait, que mettre au point les travaux antérieurs des mathématiciens.

Le génie ne peut pas être conçu comme le plus haut degré du talent, c'est quelque chose d'autre et où l'activité cérébrale a une très grande part. C'est pour cela qu'il est de faux génies ; des hommes, parfois très peu intelligents, dont l'esprit est extraordinairement actif. Ces gens n'acceptent pas d'une manière demi-passive les enseignements des autres, comme le fait le commun des esprits, même élevés. Ils ne peuvent être réceptifs et leur activité débordante s'emploie à refaire ou à modifier tout l'acquis de l'esprit humain. C'est ainsi qu'ils redécouvriront l'Amérique, ou bien mettront au jour une philosophie absurde ou puérile. Ces genres d'esprit sont loin d'être communs ; ce qui est commun, c'est la culture intellectuelle avec le talent pour couronnement. Les faux génies sont rares comme les génies véritables dont ils ont les apparences. Comme le génie vrai, Je faux génie est hors la société à laquelle il ne s'adapte pas. Pris tout entier par l'idée, sa vie intérieure est assez intense pour lui faire mépriser la vie extérieure. Il ne saurait être bon fonctionnaire, bon ouvrier, il est trop distrait, trop accaparé par la chimère dominatrice. Il est rare que le faux génie réussisse à fonder une famille, à moins qu'il ne trouve une femme qui consente à passer sa vie à ses pieds, ce qui arrive quelquefois. J'ai connu un certain nombre de pareils hommes. L'un d'eux redécouvrait l'astronomie élémentaire ; il avait épousé une pauvre ouvrière dont il était le dieu ; elle le prenait pour un grand savant méconnu. Souvent, malgré leur activité intellectuelle prodigieuse, ces gens n'ont qu'une intelligence très médiocre ; en deux phrases, on peut jeter à bas la théorie qu'ils ont travaillé des années à édifier. Ce n'est pas à conseiller, car on s'en fait alors des ennemis mortels, sans arriver à les détourner de la mauvaise voie où ils se sont engagés.

Car les faux génies ont tout l'orgueil des génies véritables. C'est un peu leur orgueil excessif qui les empêche de s'instruire avant que de créer ; ils se croient les premiers, les révélateurs de la pensée ; ils s'imaginent que rien de sensé n'a pu être dit avant eux. Cet orgueil immense les soutient dans la vie très triste que leur fait le monde ; on les prend en général pour des fous ; ils peuvent le devenir, mais ils ne le sont pas nécessairement,

Louise Michel était un faux génie, ce qui n'a rien de péjoratif. L'idée la dominait tout entière et la vie matérielle n'était rien pour elle. Elle portait une robe sale et n'en avait pas d'autre, elle manquait de linge, oubliait de se laver, de se peigner. L'argent ne tenait pas dans ses mains, elle le donnait à tout le monde, quitte à emprunter ensuite pour ne pas rendre. Elle n'eut jamais d'idées vraiment originales; son domaine était le sentiment. Elle disait en termes émus la misère des pauvres, la nécessité d'une révolution pour établir la justice, Les romans qu'elle écrivit sont illisibles ou à peu près, ses œuvres sociales ne sortent pas de la banalité des milieux politiques où elle vécut, Elle n'avait que les idées des autres, mais pour ces idées elle était capable d'aller en connaissance de cause à la mort ; c'est là où est sa grandeur.

Séverine qui vient environ une génération après elle n'a que du talent. Là où Louise Michel apportait sa conviction enflammée, sa pitié pour les faibles, sa colère contre les forts, Séverine met ses qualités de journaliste et d'orateur. Très supérieure dans la technique, elle lui est, comme personnalité, de très loin inférieure, parce que le génie, même faux, prime le talent.

Louise Michel fut traitée de folle par les rétrogrades et considérée comme telle par bien des gens. C'était l'effet du préjugé détestable qui veut qu'une femme ne puisse être que folle lorsqu'elle ose avoir une personnalité et plus encore quand elle la veut affirmer dans la politique. Cependant la « Vierge Rouge » prêtait un peu à cette accusation. Les gens que l'idée domine passent volontiers pour des fous dans un monde dont les préoccupations sont presque exclusivement matérielles. La politique, l'art, la science, la religion tiennent fort peu de place dans la vie du commun des hommes. Quelques moments de lecture, de visites aux expositions, quelques réunions des offices suivis machinalement sont tout leur idéal.

L'intérêt véritable de leur vie porte sur les choses matérielles : l'argent, le travail qui le procure, les repas, les vêtements, le logement, l'amour. L'homme est un animal supérieur, mais ce n'est qu'un animal ; sa vie, comme celle des animaux, se passe tout entière à manger, à boire, à dormir et à se reproduire. Elle est seulement plus compliquée parce que, plus intelligent, le premier des primates a su transformer la nature et l'adapter à une meilleure satisfaction de ses besoins.

Aussi quand on voit un homme, plus encore une femme, faire fi de ce que chacun tient tellement à cœur, qui passe dans la vie l'air absent, l'esprit tendu vers ce qu'on considère comme des chimères, on le prend facilement pour un aliéné.

Il y a d'ailleurs entre le génie vrai ou taux et l'aliéné une similitude d'apparence. Tous les deux sont possédés par leur idée ; l'aliéné vit dans son délire comme le génie dans son œuvre, la différence est dans le contenu. Le génie, même faux, n'a pas les conceptions de la dégradation mentale. Le faux génie développera avec ampleur une vérité connue, il croira avoir trouvé la quadrature du cercle, mais son système se tient. Le fou, même dans les délires les mieux systématisés, ne pense guère qu'à sa personne. On le persécute, il en énumère ce qui lui semble des preuves ; il est le fils d'un roi, d'un grand personnage, etc. Il est rare qu'un aliéné s'intéresse à ce qui n'est pas lui.

Voltaire a dit que, même pour être heureux, un homme intelligent ne consentirait jamais à devenir un imbécile. Le

génie est le plus enviable des dons ; c'est en quelque sorte
un don de surhumanité ; il est à noter que les hommes de
génie ont en général une longue vie. Ils peuvent dans une
certaine mesure se suffire à eux-mêmes, grâce à l'énergie intérieure qui leur permet de résister ù l'hostilité des hommes
et des choses. Le bonheur de l'homme médiocre a peu de
réalité. Sa vie est remplie des petits soucis, querelles de mé-
nage, blessures d'amour-propre, préoccupations d'intérêt
avide d'argent, ti se croit toujours lésé et vit dans une colère
à peu près continuelle. Il tient par-dessus tout à l'opinion des
autres et, comme les hommes sont en général malveillants, il
a beaucoup à souffrir

L'homme de génie passe sur tout cela comme un éléphant
sur une fourmilière ; enfermé dans ses pensées, il ne voit
rien, les flèches empoisonnées des gens ordinaires P enta-
ment peu. Méconnu, il a certes à souffrir, mais il a ce que n'a
pas l'homme ordinaire, sa vie intérieure comme refuge. Cependant, l'homme supérieur est privé à bien des égards parce
que les plaisirs de l'homme vulgaire n'en sont pas pour lut ; il
est beaucoup plus difficile. J'aime l'étude, écrivait Stuart Mill
à Gustave d'Eichtal et je crains que vous ne vous ennuyiez
chez moi — « Je ne suis guère amusable » écrivait-il à Auguste Comte.

Plus délicat, plus complexe, l'homme de génie souffre de ce
qui laisse l'homme ordinaire indifférent. L'homme moyen
parle avec tranquillité de la vieillesse qui vient, la fuite irré-
médiable du temps est le grand désespoir de l'homme supérieur.

Section II

La psychologie des sexes n'a été guère étudiée avec impar-
tialité. La plupart des littérateurs qui parlent de la femme
ne cherchent qu'à exciter les sens, ils en font un être bizarre,

fantasque, fourbe, méchant qui est en réalité l'exception du moins chez les femmes honnêtes. Les courtisanes faisant marchandise de leur corps et de leur âme s'appliquent à paraître telles que l'homme le désire et elles finissent par être en effet le personnage qu'elles jouent. Les études scientifiques ou soi-disant telles de la mentalité féminine ne sont guère plus sérieuses ; toujours ou à peu près le sentiment prime le désir de rechercher la vérité. Parfois 3e sentiment est favorable à la femme ; des féministes, telle C. Renooz, ont soutenu que la femme était supérieure à l'homme. Mats la plupart du temps le sentiment est misogyne, hommes craignant de perdre leur suprématie sociale, femmes voulant se donner le plaisir d'être clés exceptions dans leur sexe. Tous, imbus des préjugés séculaires, redisent contre les aptitudes intellectuelles des femmes les mêmes arguments.

Cependant nous voyons les faits démentir peu à peu les préventions. Les femmes étaient déclarées impropres aux sciences, on ne leur concédait quelques aptitudes que dans la littérature. On ouvre aux femmes les universités et il se trouve qu'elles ne travaillent pas plus mal que les hommes, quelquefois mieux. Le misogynisme se retranche dans les sciences abstraites, mathématiques et physique ; là encore il est démenti, non par des sujets exceptionnels mais par des milliers de jeunes filles qui apprennent les mathématiques supérieures, la mécanique céleste: l'astronomie, etc., et passent leurs examens, parfois brillamment.

Alors on se rabat sur le don ultime, le génie, et comme la preuve est plus difficile à faire, l'antiféminisme peut demeurer longtemps dans sa dernière position.

Nous avons essayé de montrer combien l'éclosion et le développement du génie sont choses difficiles dans la société présente pour les hommes. Lorsqu'il s'agit de la femme, il faut multiplier la difficulté par un très grand nombre ; la société tout entière est disposée pour faire d'elle un être banal à cerveau passif. J'ai dit ailleurs[1] comment la psychologie de la petite fille était créée de toutes pièces par les parents et les maîtresses, mais ce qu'on s'évertue avant tout à détruire en l'enfant qui a eu le malheur de naître fille, c'est l'originalité. Lorsque par hasard elle existe, elle apparaît comme une monstruosité et chacun s'applique à la combattre.

Que peut faire une pauvre enfant, même avec des facultés prodigieuses, contre tout le monde ? Elle s'applique à dissimuler ce qu'on lui dit être un défaut. Elle apprend que les dons de l'esprit sont des anomalies pour une femme ; on la persuade que de longs cheveux bien frisés sont préférables à lotîtes les qualités de l'intelligence, elle finit par devenir la poupée banale qu'on a voulu faire d'elle.

De réels progrès ont été faits en ce sens, mais avec beaucoup de timidité. L'idée communément admise dans les milieux cultivés est qu'une jeune fille doit être à la fois instruite et ménagère. En même temps que la chimie, on lui enseigne la dentelle au crochet, la cuisine, la couture ; on développe sa coquetterie et on lui fait entendre que cette partie spécialement féminine de son éducation a beaucoup plus d'importance que l'autre. Une pareille culture peut former des épouses instruites capables d'aider un travailleur intellectuel, de servir, et encore de répétitrices à leurs enfants, voire de remplir une modeste carrière libérale ; mais loin de la donner, elle entrave la personnalité, élément essentiel du génie. Pour être personnelle, une femme doit tout briser et cela lui est beaucoup plus difficile qu'à un homme.

Même au sein de la misère un homme de génie trouve des encouragements, quelques isolés qui le comprennent plus ou moins et l'admirent, cela l'aide à travailler en dépit du monde réfractaire. Fourrer dans son grenier, avait Considérant, Verlaine, qui traîna toute sa vie une misère extrême avait une cour d'admirateurs. Même les faux génies ont leur petit cé-

---

1 La femme en lutte pour ses droits, Giard et Brière, Paris.

nacle, gens plus ou moins instruits qui se font les satellites de l'étoile de petite grandeur. Le lot de la femme supérieure, c'est le désert absolu ; elle ne connaît de l'originalité que son fruit amer, la haine des autres, elle paie de la solitude sa révolte contre l'ordre social.

Comment le génie pourrait-il se développer dans de pareilles conditions ; autant vouloir qu'une plante grandisse et fasse resplendir ses fleurs alors qu'on en a écrasé le germe. Les femmes qui ont eu la chance d'être placées dans un milieu relativement favorable portent en général dans leur personne comme dans leur œuvre un cachet spécial et inférieur; c'est la marque de leur esclavage social.

Sophie Kovalevsky avait très probablement du génie : elle s'est élevée très haut dans les mathématiques où elle a fait une découverte. La biographie qu'a laissé d'elle la duchesse de Cajanello montre plusieurs caractères de l'intelligence géniale. Sophie Kovalewsky n'était pas coquette, elle travaillait dans une misérable chambre sans souci du confort qu'elle pouvait se donner. Kilo était capable de faire des mathématiques pendant de longues heures, oubliant les repas. Sans intérêt pour l'ambiance, elle vivait dans ses idées, qu'il s'agisse de mathématiques ou de littérature pour laquelle elle avait aussi un goût tics vif. Sa conception était rapide et elle la rédigeait d'emblée, d'un seul jet, son cerveau se maintenait à un potentiel élevé jusqu'à la fin du travail. Ses rêves même, dit la biographe, étaient toujours intéressants, marque d'un esprit éloigné de la banalité.

Cependant, on voit à tout instant l'action déprimante de la société sur cette belle intelligence, Sophie Kovalewsky a peur de n'être pas assez femme. C'est elle, je crois, qui a dit que la gloire est pour une femme le deuil éclatant du bonheur. Si le mot n'est pas d'elle, il le pourrait être, car elle le paraphrase à tout instant. Cependant, de ce prétendu bonheur qui consiste à être aimée d'un homme, Sophie n'en manque pas. Elle épouse après plusieurs années d'amitié amoureuse un jeune professeur ; elle a une fille. Mais ce « bonheur », la mathématicienne le délaisse pour courir en Suède où on l'a nommée, malgré de vives oppositions, professeur d'université ; son enfant est laissé à une parente et elle parait s'y intéresser assez peu, en, dépit du blâme de ce qu'elle appelle « le poulailler de Stockholm ».

Le mari meurt et Sophie retrouve encore le « bonheur » sous la forme d'un homme qui l'aime. Il est titré, riche, instruit, il lui plaît, mais pour épouser le « bonheur » voudrait que Sophie renonçât à la science et à sa chaire professorale ; elle préfère la gloire.

« Femme, ose être » a dit Félix Pécault. Toute la vie de Sophie Kovalewsky est le contraire de cette pensée, elle n'ose pas être, en dépit des autres, ce qu'elle est.

Sophie Kovalewsky n'aime pas du tout la vie féminine, elle lui préfère le travail intellectuel mais elle voudrait que cela ne se sache pas, parce que les préjugés de son éducation lui en font une honte ; alors elle se répand en puérilités. -— Je ne suis pas une savante, lui fait dire son maître Weierstrass, dans un éloge humour i s tique ; je n'ai pas fait de travaux, non…, non. Je ne suis rien qu'une pauvre petite fille qui voudrait bien qu'on l'aime un peu et qu'on lui donne une orange. — Sophie répondit que ce portrait était, en effet, le sien, et elle éclata en sanglots. C'était une slave, elle tenait de sa race une nervosité que nous considérerions comme anormale, mais qui est fréquente eu Russie. On pourrait penser aussi qu'elle jouait la comédie de la féminité pour se faire pardonner sa supériorité intellectuelle. Cela a dû être, en effet, dans une certaine mesure, mais il est probable qu'il y avait un peu de sincérité dans une attitude qui donne bien l'impression du génie féminin déformé par la servitude sociale.

On peut donner aussi, en quelque mesure, du génie à Sophie Germain, mathématicienne française du commencement du dix-neuvième siècle. N'admet- on pas qu'il y a de grands génies, ce qui sous-entend qu'il y en a aussi de moindres. Sophie Germain n'est pas l'égale de Newton, cependant elle a le caractère primordial du génie, l'originalité.

Au seuil de la jeunesse, en 1793, Sophie Germain, fille d'un commerçant de la rue Saint-Denis, au lieu de se préoccuper de son visage et de ses toilettes, à la façon des jeunes filles de son âge, cherche par quelle occupation assez prenante elle pourra oublier les événements révolutionnaires qu'elle réprouve. Elle trouve les mathématiques et elle en commence l'étude avec ardeur. Ses parents sont d'abord effrayés de voir leur fille prendre une direction aussi étrange ; ils veulent combattre le développement de ce qu'ils considèrent comme une monstruosité. On prive la jeune fille de lumière, de feu, de livres ; elle cache les livres et se relève la nuit pour travailler dans une chambre où l'encre gèle. Enfin des amis plus éclairés ayant montré aux parents que leur fille, au lieu d'être un monstre, est au contraire une merveille, on la laisse tranquille ; on lui donne même des professeurs.

Cependant les conditions de son éducation restent encore bien loin de valoir celles d'un homme. Jeune garçon, elle serait entrée à l'Ecole Polytechnique qui venait d'être fondée, mais elle n'est qu'une pauvre fille, aussi en est-elle réduite à prendre un logement en face de l'école et à se procurer les cours. Heureusement pour elle, elle a de la fortune ; pauvre, son intelligence était infailliblement étouffée, mais elle est aisée, presque riche ; alors on veut bien faire attention à elle. Sous le nom du polytechnicien Leblanc, elle correspond avec Gauss, elle lui soumet des problèmes et il l'encourage. Plus tard, elle écrit des mémoires, remporte des prix et vit entourée de quelques amis. Dans son milieu un peu restreint- elle est contente de la vie et des hommes.

On donne du génie à George Sand. En littérature, l'appréciation est plus difficile que dans les sciences. On a ou on n'a pas fait une découverte, résolu un problème. L'appréciation d'une œuvre littéraire ne comporte pas cette précision. « Le Compagnon du Tour de France » renferme des vues supérieures sur la société du temps et ses éléments de dissolution. L'originalité de George Sand apparaît dès son enfance ; elle a inventé une religion puérile et rend un culte dans le parc de ses parents au dieu « Corambé », Au pensionnat, après avoir été assez indifférente en religion, elle se prend tout à coup de devenir une sainte et elle édifie tout le monde par sa piété insolite. Ces sentiments, étranges plutôt que supérieurs, ne sont cependant pas le lot commun. Le troupeau enfantin ne fait guère que subir ce qu'on lui impose : étude, religion, etc. Ses vrais sentiments sont ailleurs, au jeu, a la coquetterie. Le désir de vouloir atteindre à la sainteté est déjà la marque d'un besoin d'idéal tout à fait étranger aux âmes vulgaires. Cela ne saurait certes suffire pour qu'il soit permis de prédire le génie, mais c'est une marque d'originalité, son élément fondamental. George Sand se marie et pour quelques années elle semble tombée au rang d'une femme comme les autres. Enfin, à 27 ans, sa personnalité se réveille ; la jeune femme, telle la Nora d'Ibsen, brise ses liens et part emportant la malédiction parentale, se jeter dans la littérature. Elle mène alors une vie sexuelle que beaucoup lui ont reprochée, C'est que l'on prend toujours pour critère l'idée que les conventions sociales donnent de la femme. Si George Sand avait été un homme, sa vie sexuelle aurait passé inaperçue. Vieillie, l'éducation première reprend son emprise, l'auteur de chefs-d'œuvre redevient la bonne dame de Nohans emmitouflée dans un bonnet de grand-mère.

On trouverait bien d'autres exemples de génies féminins, mais nous n'avons pas l'intention d'écrire une galerie des femmes célèbres, Nous voulons simplement montrer que les caractères du génie, comme les autres caractères intellectuels, sont faciles à trouver chez les femmes comme chez les hommes. Que les génies masculins soient tout à la fois plus nombreux et plus grands, c'est incontestable. Sophie Kovalewsky ne vaut pas Leibnitz, George Sand ne vaut pas Balzac ; la faute en est aux conditions sociales qui sont à la fuis très différentes et extrêmement inégales dans les deux sexes.

A l'université, l'étudiante travaille aussi bien que l'étudiant, souvent mieux, parce que les usages l'empêchent de s'amuser, lui interdisant les lieux de plaisir où les étudiants passent leur temps. Presque toujours elle comprend plus vite, plus clairement les choses difficiles et abstraites. Cependant, sa préparation est beaucoup moins bonne, clic a appris au lycée une quantité de choses inutiles et son bachot a été préparé à la hâte, en deux ou trois ans.

Tl lui est impossible d'acquérir la culture correspondant aux « mathématiques spéciales » autrement que par raccroc avec des livres, les leçons ennuyées d'un professeur à l'heure, Plus tard, l'homme, ou plus justement quelques hommes la dépassent ; pourquoi ? Parce que Ses conditions ne sont pas égales ; le haut enseignement est en fait fermé aux femmes.[1] Au milieu de la foule des étudiants bornés dans leur ambition comme dans leurs moyens, il en surgit quelques-uns qui visent les hauts grades universitaires, Grands travailleurs, bien doués pour la mémoire, parfois pour l'intelligence, de condition au moins aisée, ils rêvent de devenir agrégés de médecine, professeurs de faculté, etc. Les femmes savent d'avance qu'un pareil avenir leur est fermé. Filles de petite bourgeoisie pour la plupart, elles iront d'ailleurs pas les moyens d'attendre une situation pendant dix ans, quinze ans et même davantage. Les parents les ont envoyées à l'université parce que leur mariage est problématique faute de dot. Elles aspirent à être au bout de quelques années en état de gagner leur vie comme médecins, professeurs de collèges, petites bureaucrates, chimistes dans la pharmacie ou l'industrie, encore que tous ces emplois modestes soient de conquête récente ; il y a seulement quinze ans nous paraissions des utopistes en

1 Le cas de Mme Curie est à part : elle succéda à son mari mort d'un accident

revendiquant tout cela.

L'étudiante assez souvent trouve un mari de condition analogue à la sienne, les époux joignent leurs deux gains et vivent en bourgeois aisés.

L'art et la science ne nourrissent qu'à la condition de s'y contenter d'un rôle modeste d'ouvrier.

Le génie scientifique exige pour produire, du moins dans les sciences expérimentales, un matériel coûteux. Scheele dépensait six cents francs par an pour son laboratoire, aujourd'hui que les découvertes élémentaires sont faites, il faut une fortune.

D'ordinaire, c'est l'État qui, en lui donnant la place de professeur, fournit au savant les moyens de travailler. Les hommes se disputent ces places, ils sont trop et il y a très peu d'élus pour beaucoup d'appelés; les femmes n'osent encore y prétendre.

En mathématiques, en philosophie, en littérature, le matériel n'est pas nécessaire. Avec du papier et des idées on peut faire une œuvre remarquable si on en a les moyens. La voie est plus facile, aussi est-ce dans ces genres que se rencontrent les quelques femmes qui ont brillé. L'entrave sociale est loin cependant de cesser parce que le laboratoire n'est plus nécessaire. La première condition pour faire œuvre géniale, outre les dons supérieurs, est de croire en soi : or la société met tout en œuvre pour que la femme ne puisse croire en elle.

La femme, dira-t-on, ne manque pas d'orgueil, combien au contraire en sont pétries au grand désagrément de leur entourage. Mais autre chose est de vouloir écraser les autres d'une prétendue supériorité, autre chose est de vouloir s'affirmer par une œuvre personnelle. La malveillance ambiante, combat d'ordinaire l'homme qui ose croire en lui, néanmoins, nous l'avons dit, il est bien rare qu'il ne trouve pas un cercle d'amis où on reconnaisse plus ou moins sa valeur. Spencer travaillait dans le bureau d'un ingénieur. Au début il ne sait pas trop où est sa voie, il change de place, revient chez son père ; il apparaît alors ce que nous, appellerions un raté. Néanmoins son entourage l'apprécie, on fait venir un phrénologue qui lui trouve toutes les aptitudes, excepté celles qu'il a, — Tu as de l'esprit, — dit la société à la femme ; c'est un grand malheur, mieux vaudrait que tu eusses de l'argent ou de la beauté ; on n'a que faire de ta supériorité intellectuelle.

Le seul fait de l'existence de taux génies parmi les femmes est une preuve qu'avec des conditions différentes on aurait clés génies véritables. Le faux génie, nous l'avons vu, ressemble beaucoup au vrai ; il a en commun avec lui l'originalité et l'activité intellectuelle. L'abandon dans lequel on laisse l'esprit féminin, le manque d'instruction, l'éloignement des milieux hautement cultivés fait que clés intelligences qui auraient pu produire de belles œuvres si elles avaient été bien dirigées ne donnent que des insanités. Mme Renooz, dont nous avons déjà parlé, est un de ces types. Elle a écrit de gros volumes sur la philosophie naturelle. Son œuvre porte la marque d'une grande lecture. Partant de la différence des sexes, elle prétend que cette différence doit intéresser aussi les facultés mentales et qu'il doit y avoir une science particulière aux Femmes. Elle écrit alors une « Somme » d'un genre nouveau où clic, expose la façon dont un cerveau féminin doit comprendre l'univers. Cette prétendue science féminine n'est le plus souvent que le contrepied grossier de la science tout court ; néanmoins on trouve parfois des vues très sensées.

Clémence Royer doit être placée bien au-dessus. Elle avait un entourage d'anthropologistes qui l'accueillaient ; elle a fait plusieurs travaux dans leur science. Son œuvre maîtresse est une philosophie atomistique. Que vaut-elle ? On lui a reproché de tenir plus de l'imagination que de l'expérience. Peut-être cependant peut-on la considérer comme une prévision de la physique moderne.

D'un pas lent, comme le progrès, nous marchons vers

l'égalité sociale des sexes. Peu à peu les barrières tombent, un temps viendra où ou verra des femmes dans toutes les branches de l'activité humaine. Alors les barrières morales tomberont comme les barrières matérielles, la femme aura la liberté. De temps à autre, une femme de génie apparaîtra ; il n'y en aura jamais beaucoup. Le génie n'a pas de sexe, mais c'est un joyau extrêmement rare.

ISBN : 978-1718604612